LES
BRODEUSES DE LA REINE

Comédie-Vaudeville en un acte,

PAR MM. J. GABRIEL ET DUPEUTY,

Représentée, pour la première fois, à Paris, sur le Théâtre du Vaudeville,

LE 29 AOUT 1846.

DÉDIÉ PAR LES AUTEURS

A Mme ALBERT.

PRIX : 50 CENT.

PARIS

AU MAGASIN CENTRAL DE PIÈCES DE THÉATRE

ANCIENNES ET MODERNES

Rue de Grammont, 14

1846

LES
BRODEUSES DE LA REINE

COMÉDIE-VAUDEVILLE EN UN ACTE,

PAR MM. J. GABRIEL ET DUPEUTY,

Représentée pour la première fois, à Paris, sur le théâtre du Vaudeville, le 29 août 1846.

Dédié par les Auteurs **A MADAME ALBERT.**

PERSONNAGES.	*ACTEURS.*	*PERSONNAGES.*	*ACTEURS.*
LE CHEVALIER DE BOUF-FLERS, 18 ans*..........	Mme ALBERT.	HÉLOISE, 20 ans.............	Mlle CÉLESTINE.
HECTOR DE BELLE-CHASSE.	M. LECLERC.	MARIE DE BOUFFLERS.....	Mme ALBERT.
BEAUCANARD DE PRÉSALÉ.	M. ARMAND.	ISABELLE DE VALEN.......	Mlle DURAND.
Mme PÉNÉLOPE DE LA RO-CHE-AIGUE..............	Mme GUILLEMIN.	SIX JEUNES BRODEUSES....	
		GENEVIÈVE, servante.......	Mlle SAUZION.

Le théâtre représente un petit salon Louis XV. Une grande cheminée sur laquelle il y a des candélabres avec des bougies allumées ; à droite ; un joli meuble fermant à clé.

SCÈNE I.

PÉNÉLOPE, HÉLOISE, MARIE, ISABELLE, six Brodeuses.

Au lever du rideau, elles sont assises et travaillent près de deux longs métiers, placés diagonalement, l'un à droite et l'autre à gauche. Les surveillantes brodent sur un petit tambour qu'elles tiennent sur leurs genoux. Toutes sont vêtues également : poudre, coiffure en forme de pouf ; robe blanche, mules à talons rouges, large ruban irisé passé en sautoir, une chaînette à la ceinture qui soutient d'élégants ciseaux d'or suspendus par une chaîne d'argent.

GENEVIÈVE, *arrivant au fond et parlant à voix basse.* Monsieur le Chevalier...

MARIE, *se levant pour aller lui parler.* Chut ! Que veux-tu ?

GENEVIÈVE. Il y a là, en bas, votre homme à la grande barbe.

MARIE. Mon sapeur ?

GENEVIÈVE. Oui, il demande si Monsieur le Chevalier a des ordres à lui donner.

MARIE. Hé ! sacrebleu, qu'il attende...
(Geneviève sort ; Marie vient prendre sa place.)

CHŒUR GÉNÉRAL.

AIR *nouveau*, de A. Doche.

Quel honneur,
Quel bonheur,
D'être brodeuses de la reine.
De notre auguste souveraine
Justifions cette faveur.

PÉNÉLOPE. Allons, mes chères compagnes, encore un peu de courage, et nous aurons terminé ces broderies qu'attend Sa Majesté.

ISABELLE, *à part.* Hélas !

MARIE. Aïe ! je me suis piqué les doigts.

PÉNÉLOPE. Vous n'en faites jamais d'autres, étourdie.

HÉLOISE. Huit heures sans quitter l'ouvrage ! En vérité, mesdemoiselles, les grisettes de Paris diront que nous gâtons le métier.

PÉNÉLOPE. Fi ! Héloïse, nous comparer à ces espèces ! Songez donc que nous ne travaillons que pour la reine ; songez à la faveur insigne que nous a faite Sa Majesté, en créant cette institution de dix demoiselles nobles, qu'elle a gracieusement logées dans ses petits appartements de Versailles.

MARIE. C'est une nouvelle compagnie ajoutée à la maison du roi. (*Brodant vivement.*) Il faut soutenir l'honneur du corps. (*Secouant son doigt.*) Bon, je me suis encore piquée.

PÉNÉLOPE. J'ai la promesse que nous serons l'an prochain dans l'Annuaire de la cour.

TOUTES. Quel bonheur ! quel bonheur !

---

* *Avis à MM. les Directeurs de province.* — Le rôle du chevalier, quoique appartenant à l'emploi des travestis, peut être rempli néanmoins par un très-jeune amoureux.

MARIE.

Suite de l'air.

Nous sommes toutes nobles, belles ;
Nous sommes toutes demoiselles,
Et la reine donne un mari
A chacune en sortant d'ici ;
Ce qui fait qu'à chaque vacance
Par centaines l'on vient s'offrir
Pour entrer chez nous, et, je pense,
Bien plus encor pour en sortir.

CHŒUR.

Quel honneur, *etc.*

MARIE, *se levant.*

2ᵉ COUPLET.

Nous sommes toutes d'uniforme,
Vertugadins de même forme,
Grand cordon au reflet changeant,
Ciseaux d'or et chaînes d'argent ;
Par cette marque distinctive,

(*Montrant ses ciseaux.*)

La reine, dit-on, a voulu
Montrer que sur la défensive
Doit toujours être la vertu.

CHŒUR.

Quel honneur, *etc.*

PÉNÉLOPE. C'est sur vous, mademoiselle de Valence, que Sa Majesté a jeté les yeux pour marier la première d'entre vous, et c'est pour compléter votre trousseau qu'elle nous a commandé ce travail.

ISABELLE, *soupirant.* Oui, la reine le veut.

PÉNÉLOPE. Certainement, cette faveur ne pouvait être mieux placée ; bien qu'il y ait d'autres personnes qui auraient pu penser...

MARIE. Moi, je dis que c'est une injustice ; car, enfin, mademoiselle Pénélope de la Roche-Aiguë avait des droits (*A part.*) à l'ancienneté.

PÉNÉLOPE. Merci, Mademoiselle, j'ai le temps d'attendre. (*A part.*) Qui sait ce qui arrivera s'il a l'audace de s'expliquer. (*Haut.*) M. de Belle-Chasse est un beau parti pour vous, Isabelle... Il est de bonne souche ; attaché aux forêts de la couronne comme 27ᵉ second grand veneur.

HÉLOÏSE. Et de plus, fort bien en cour.

PÉNÉLOPE. Mais, vous m'y faites penser, Héloïse, est-ce que vous ne m'avez pas dit que ce riche seigneur avait aspiré à votre main ?

HÉLOÏSE. Je ne crois pas.

PÉNÉLOPE. Et moi, je me le rappelle très-bien ;... après la mort de votre père, et quand vous étiez chez Mᵐᵉ la maréchale de Boufflers.

MARIE. Quoi ! vous avez été chez ma grand' mère ?

HÉLOÏSE. Oui, ma belle, et c'est moi qui ai appris à broder à votre jeune frère le chevalier, quand il achevait son éducation pour acheter un régiment... Comme il brodait et comme il faisait des armes !

(Marie se levant, et par un mouvement involontaire fait un appel du pied.)

PÉNÉLOPE, *se retournant.* Hein ?

MARIE. J'ai fini.

PÉNÉLOPE. A merveille ! Enfin, le voilà donc achevé de nouveau cet ouvrage précieux, qui, déjà une fois, nous a été enlevé par une main invisible ; ce qui a retardé le mariage de mademoiselle de Valence ; nous verrons si l'audacieux ravisseur osera encore...

MARIE. Si vous voulez, mademoiselle Pénélope, comme la dernière venue je passerai la nuit ; je ne dormirai pas.

PÉNÉLOPE. Mon ange, j'ai pensé à tout, et je ne crains rien... Aussi le mariage de notre chère compagne ne peut plus souffrir de retard.

ISABELLE. Ah ! mademoiselle...

PÉNÉLOPE. La reine a déclaré qu'il serait célébré le jour où nos broderies compléteraient la riche corbeille que Sa Majesté donne à la mariée.

ISABELLE, *à part.* Et pas de nouvelles de Gaston, pas un mot de souvenir !

PÉNÉLOPE. Je suis sûre que le noble futur, quand il viendra, comme il vient chaque jour, nous demander où nous en sommes, sera enchanté de nous.

SCÈNE II.

LES MÊMES, BELLE-CHASSE.

(Il est entré depuis un moment.)

BELLE-CHASSE. C'est-à-dire qu'il est ravi, transporté dans l'Olympe ; qu'il boit de l'ambroisie.

ISABELLE, *à part.* C'est lui ! déjà !

BELLE-CHASSE. Mais, pardon, la joie me fait perdre l'esprit, et j'oublie les lois de la politesse. (*Il salue avec affectation.*) Nobles demoiselles... belle Roche-Aiguë, et vous ma charmante fiancée. (*Il leur baise la main ; bas à Héloïse.*) Vous l'avez voulu ; cruelle ! (*Elle lui fait une grande révérence ; il s'arrête devant Marie.*) Mais, que vois-je ? Quelle est cette jolie personne ? je ne l'avais pas encore remarquée.

PÉNÉLOPE. Mademoiselle Marie de Boufflers, que la reine a admise sur la demande de M. Beaucanard de Présalé, qui, lui aussi, jouit de quelque crédit à la cour : grand maître d'hôtel.

BELLE-CHASSE. Marie de Boufflers ! Mais il me semble que le vieux maréchal n'avait qu'un petit-fils, ce mauvais sujet de Chevalier...

MARIE, *vivement.* J'étais alors au couvent.

HÉLOISE. D'ailleurs, il n'y a pas à s'y tromper, Marie ressemble assez à son frère.

(*Elle l'embrasse sur le front.*)

BELLE-CHASSE. Le fait est que c'est à s'y méprendre.

HÉLOISE. C'est même étonnant comme elle lui ressemble.

MARIE. Je crois que je suis plus petite.

BELLEC-HASSE. Plus petite... je crois plutôt que le Chevalier est plus grand. Enfin, n'importe... Du reste, le même air espiègle. Il ne faut pas rougir pour cela; j'aime beaucoup les espiègles; on m'appelait le petit espiègle quand j'avais quinze ans.

MARIE. Vous avez eu quinze ans, monsieur de Belle-Chasse?

BELLE-CHASSE. Il me semble qu'à moins d'être venu au monde à seize...

TOUS. Ah! ah! ah!

BELLE-CHASSE. Mais, Dieu me damne, voilà que j'oublie mon mariage. (*A Héloïse.*) Et j'y tiens beaucoup à mon mariage. (*Elle lui fait la révérence.*) (*A part.*) Elle est horriblement vexée. (*Haut.*) Vous disiez donc, noble Pénélope, que tout est maintenant terminé par les jolis doigts de fée des brodeuses de la reine.

PÉNÉLOPE. Quand Sa Majesté le voudra, nous sommes prêtes à mettre à ses pieds le fruit de nos veilles.

HÉLOISE. A moins que le lutin mystérieux ne vienne encore enlever le travail des fées.

BELLE-CHASSE. Le fait est que c'est inconcevable! j'y perds tout le latin que j'ai dû apprendre... Les broderies étaient achevées...

PÉNÉLOPE. Je les serre dans ce meuble, dont je retire la clef.

BELLE-CHASSE. Et pendant la nuit elles disparaissent comme par enchantement; le tout, évidemment, pour mettre des bâtons dans le char de mon hyménée. Pas de corbeille, pas de mariage.

MARIE. Qui sait? qui sait? vous avez peut-être pour rival un être fantastique : Cagliostro ou le comte de Saint-Germain!

PÉNÉLOPE. Folle que vous êtes! Comment pourrait-il pénétrer ici? tout est si bien fermé : doubles verrous, doubles volets aux fenêtres...; par ici nos appartements...; et là une petite porte secrète dont Sa Majesté seule a la clef.

MARIE. Mais la cheminée? On dit que les lutins viennent par la cheminée.

PÉNÉLOPE. Elle est grillée par le haut, et à moins d'être un sylphe impalpable...

BELLE-CHASSE. Un seul mot, madame Pénélope.

PÉNÉLOPE. Demoiselle, s'il vous plaît.

BELLE-CHASSE. Mademoiselle Pénélope, n'avez-vous aucun soupçon?

PÉNÉLOPE. Aucun; mais, cette fois, mes mesures sont bien prises.

BELLE-CHASSE. J'ai confiance en vous, confiance entière ; néanmoins, je vais hâter le moment de la présentation à la reine, et demain, je l'espère, au petit lever...

MARIE. Prenez garde! entre demain et aujourd'hui il y a la nuit...

BELLE-CHASSE. Mademoiselle Marie est pleine de sens. J'aviserai, j'aviserai. Je cours à Trianon, et je reviens sur l'aile des Amours. (*A Héloïse.*) Sur l'aile des Amours. (*Elle lui fait la révérence.*) (*A part.*) Je suis féroce avec elle. (*Il prend son chapeau.*)

PÉNÉLOPE. Mesdemoiselles, détachez ces broderies des métiers et serrez-les précieusement dans ce carton... Pour vous remercier de votre zèle, je vous ménage une récompense, une petite surprise...

BELLE-CHASSE. Et moi aussi.

TOUTES. Quoi donc? quoi donc?

PÉNÉLOPE. Je vous le dirai.

BELLE-CHASSE. Et moi, je vous le dis tout de suite. Je vous invite à mes noces, où je me flatte que vous aurez à féliciter un nouveau dignitaire; je suis vraiment l'enfant gâté de la fortune.

AIR : Vaudeville de l'Anonyme.

J'avais déjà, dans les forêts que j'aime,
Charge à la cour à peine âgé d'un an ;
Seconde charge au jour de mon baptême ;
Troisième charge à ma première dent.
Puis, chaque jour, j'ai monté davantage.
Pourtant je vise à de plus hauts emplois ;
Et je suis sûr, après mon mariage, } *bis.*
De devenir conservateur des bois. }

(*Il sort.*)

SCÈNE III.

LES MÊMES, excepté PÉNÉLOPE et
BELLE-CHASSE.

Elles s'occupent à démonter les broderies et à les serrer dans un carton plat. Héloïse et Isabelle restent sur le devant; Marie prête l'oreille à leur conversation.

HÉLOISE. Eh bien! Isabelle, vous m'enlevez donc définitivement M. de Belle-Chasse.

ISABELLE, *soupirant.* Ah! ma chère Héloïse, je voudrais bien pouvoir vous le rendre... Malheureusement, je ne peux pas le refuser, moi; la reine le veut et mon père aussi.

HÉLOISE. Vous le trouvez bien ridicule, n'est-ce pas?...

ISABELLE. Du tout; je le trouverais charmant... pour un autre; mais, moi, j'ai un cousin...

HÉLOISE. Ah! je comprends...

ISABELLE. Gaston de Reuilly..... Un jeune officier aux gardes. Ma mère, qui était de notre parti, avait promis de tout dire à mon père, de le fléchir... Mais Gaston a disparu tout à coup ; plus de nouvelles, ma chère amie ; le plus cruel abandon !

HÉLOISE. Fi ! le volage !

MARIE, *à part*. Volage ! Si elle savait !...

ISABELLE. De sorte que, maintenant, je suis sans force pour résister ; sans défense ; je... quel dommage !... je l'aimais tant !...

HÉLOISE. Attendez, belle Ariane délaissée ; votre Thésée reviendra peut-être.

MARIE, *à part*. Je l'espère bien.

ISABELLE. Oui, quand je serai mariée ; il sera bien temps.

HÉLOISE. Et dire que c'est moi qui suis la cause de vos malheurs, pauvre petite !

ISABELLE. Vous ?

(Marie écoute plus attentivement.)

HÉLOISE, *souriant*. Certainement, j'aurais dû épouser M. de Belle-Chasse ; ne fût-ce que pour vous en débarrasser... (*Changeant de ton.*) Sérieusement, Isabelle, je crois que j'ai eu tort de ne pas l'épouser.

ISABELLE. Vous l'aimez, je parie.

HÉLOISE. Fi donc ! Mais, comme je n'aime personne bien positivement, que ma famille est aussi pauvre que noble, j'aurais dû un peu moins penser aux ridicules de M. de Belle-Chasse, et un peu plus à son crédit... Oui, mon frère aurait aujourd'hui une compagnie ; ma sœur aînée serait abbesse de Chelles ou d'Angerville, et moi, qui suis un peu évaporée, je me trouverais presque heureuse.

ISABELLE, *vivement*. Voulez-vous que je lui dise que vous le regrettez ?

HÉLOISE. Gardez-vous-en bien, je vous démentirais.

ISABELLE. Mais c'est de l'entêtement alors, et vous voulez donc notre malheur à toutes les deux. (*Avec colère.*) Eh bien, vous serez contente ; dès ce moment je renonce à Gaston.

MARIE, *à part*. Diable !

ISABELLE. Je n'hésite plus, et je vais déclarer à mademoiselle Pénélope que je serai très-heureuse d'épouser M. de Belle-Chasse.

HÉLOISE. Isabelle !...

MARIE, *à part*. Pauvre enfant ! elle se désespère... que faire pour la consoler, lui rendre un peu de courage ? Livrer mon secret à la discrétion de toutes ces jeunes filles ?... Impossible, j'ai déjà bien de la peine à le garder tout seul... pourtant je voudrais la rassurer... mais le moyen ?... oh ! je le trouverai.

HÉLOISE, *à Isabelle*. Voyons, folle, remettez-vous ; voici la sévère Pénélope.

SCÈNE IV.

LES MÊMES, PÉNÉLOPE, *puis* BEAUCANARD.

HÉLOISE. Voilà tout détaché, plié et soigneusement rangé.

PÉNÉLOPE. Je suis contente de vous, mesdemoiselles.

MARIE. Nous avons eu un mal...

HÉLOISE, *à part*. Je crois bien, elle n'a rien fait du tout.

MARIE. Si j'écoutais...

PÉNÉLOPE. Pour vous récompenser, je vous ai promis une surprise, et je tiens ma promesse... (*Vers la porte.*) Vous pouvez entrer. (*Elle ouvre les deux battants.*)

BEAUCANARD, *entrant*. Voilà la surprise.

TOUTES. Tiens, c'est M. Beaucanard !

MARIE. Bonjour, Beaucanard.

BEAUCANARD. Beaucanard de Présalé, s'il vous plaît. J'en ai le titre et les armes ; trois pieds de mouton sur un champ de luzerne... Puisse ce beau nom plaire un jour à la dame de mes pensées ! (*Il regarde Pénélope.*)

PÉNÉLOPE, *à part*. Il m'a dévorée du regard !

BEAUCANARD, *à part*. Elle a baissé les yeux.

MARIE. La surprise ?

TOUTES. Oui, la surprise, la surprise...

PÉNÉLOPE. Voici ce que c'est... M. Beaucanard a inventé une pâte délicieuse dont la cour raffole.

BEAUCANARD. Oh ! un rien... un rien... simple mélange de fine fleur de farine, avec des blancs d'œufs légèrement battus, et un soupçon de fleur d'oranger.

PÉNÉLOPE. La reine en a goûté... Le jeune roi a daigné en manger lui-même, et, enfin, les crêpes ont détrôné le massepain et le macaron.

BEAUCANARD. Et ce soir, si vous le trouvez bon, nous ferons ici des crêpes.

MARIE, *à part*. J'ai mon moyen... un billet. (*Haut.*) Comment ce soir ? tout de suite, tout de suite.

BEAUCANARD. Impossible, nobles demoiselles ; désolé, désespéré, mais impossible... Il faut auparavant que je m'acquitte d'une mission importante.

PÉNÉLOPE. Qu'est-ce donc ?

BEAUCANARD. Avant de vous le dire, je désire parler quelques instants seul avec mademoiselle de Boufflers.

MARIE. Une confidence ! ah ! tant mieux, j'aime beaucoup les confidences.

BEAUCANARD. Avec votre permission, belle Roche-Aiguë, si j'osais vous la demander...

PÉNÉLOPE. Osez, osez, monsieur Beaucanard.

BEAUCANARD, *à part*. Ce mot serait-il à double entente?

PÉNÉLOPE. Je permets.

MARIE. Et moi aussi, à condition que ce ne sera pas long.

HÉLOÏSE. Et que les crêpes n'en souffriront aucun retard.

BEAUCANARD. Je m'y engage.

TOUTES. Vive monsieur Beaucanard! (*Elles sortent.*)

PÉNÉLOPE. Je me retire aussi... et, quand vous aurez parlé à Marie, j'espère qu'à mon tour, je saurai quelque chose.

BEAUCANARD, *à part*. Est-ce une provocation?

PÉNÉLOPE, *à part*. Cet homme-là me rendra folle! (*Ils échangent un salut et un coup d'œil.*)

BEAUCANARD, *à part*. Cette femme-là me fera tourner la tête! (*Elle sort.*)

SCÈNE V.

BEAUCANARD, MARIE.

MARIE, *à part*. Elles sont toutes parties... *Allant frapper sur l'épaule de Beaucanard.*) Eh bien! mon vieux, qu'avez-vous à dire à la timide Marie?

BEAUCANARD. Silence, monsieur le chevalier, les murs ont des oreilles. (*Il va voir au fond.*)

LE CHEVALIER. Je suis sûr que tu m'as trouvée charmante?

BEAUCANARD. Charmante... ou charmant, à votre choix; mais la question n'est pas là.

LE CHEVALIER. Où est-elle?

BEAUCANARD. D'abord permettez-moi de vous l'avouer, j'ai des remords...

LE CHEVALIER. Des remords?

BEAUCANARD. Avoir présenté ici un jeune cavalier de dix-huit ans comme brodeuse de la reine!...

LE CHEVALIER. Puisque je te le demandais, et que tu m'as vu naître.

BEAUCANARD. C'est vrai.

LE CHEVALIER. Que tu m'as fait ma première bouillie... Dieu! qu'elle était bonne!

BEAUCANARD. Vous avez beaucoup de mémoire, monsieur le chevalier; mais la question n'est pas là... Pourquoi avez-vous pris la robe légère et les manières d'une jeune fille?

LE CHEVALIER. Te souviens-tu de Gaston?

BEAUCANARD. M. Gaston de Reuilly?

LE CHEVALIER. Mon compagnon le plus cher, mon ami le plus fidèle, aussi mauvaise tête que moi, malgré son âge raisonnable, vingt-un ans!

BEAUCANARD. Si je m'en souviens! un brave jeune homme qui, à peine enseigne au régiment de la reine, a eu le bonheur de sauver la vie à M. le maréchal.

LE CHEVALIER. Oui, à mon aïeul, mon soutien, mon protecteur, mon Dieu sur la terre; je ne l'oublierai jamais, surtout aujourd'hui que Gaston est malheureux!

AIR : *du Gant et l'Éventail.*

Mon noble aïeul lui dit : De ton courage
Ainsi que moi le ciel se souviendra,
Et du bonheur promis à ton jeune âge
   Mon bon ange se chargera.
Je ne sais pas comment cela s'arrange,
Mais on l'oublie au séjour éternel;
Et je veux, moi, qui ne suis pas un ange,
   Acquitter la dette du ciel,
Et je paierai (*bis*) ce que lui doit le ciel.

Mais Gaston, obligé de se cacher à la suite d'une rencontre, est menacé dans son bonheur : il m'écrit, me peint son désespoir s'il perd celle qu'il aime; alors, moi, sans le consulter, je forme un projet, un projet extravagant.

BEAUCANARD. Je m'en rapporte à vous.

LE CHEVALIER. Je me fais brodeur... non, je veux dire brodeuse de la reine... pour retarder le mariage d'Isabelle; j'escamote la corbeille de noces, et je donne ainsi à Gaston le temps de rentrer en grâce et d'obtenir la main de mademoiselle de Valence.

BEAUCANARD. Mais on a confectionné une seconde corbeille...

LE CHEVALIER. Que j'escamoterai comme la première.

BEAUCANARD. Mais...

LE CHEVALIER. Pas un mot, ou j'escamote aussi les deux oreilles... Mais tu avais à me parler, je crois...

BEAUCANARD. Oui, chevalier, j'ai à vous annoncer une grande nouvelle.

LE CHEVALIER. Une grande nouvelle?

BEAUCANARD. Très-grande.

LE CHEVALIER. Explique-toi.

BEAUCANARD. Vous rappelez-vous ce que monseigneur le maréchal, votre grand-père, vous a promis le jour de sa fête, quand vous lui avez déclamé les jolis vers que vous aviez faits tout exprès pour lui, et que nous avons tous trouvés charmants?

LE CHEVALIER. Je me rappelle qu'ils étaient très-mauvais.

BEAUCANARD. C'est possible, je ne m'y connais pas; enfin, il vous a promis de vous faire colonel?

LE CHEVALIER. Eh bien?

BEAUCANARD. Eh bien! le régiment est acheté depuis hier.

LE CHEVALIER. Que me dis-tu là?

BEAUCANARD. Le beau régiment de Chartres.

LE CHEVALIER. Ah ! je vais donc faire mes premières armes.

BEAUCANARD. C'est aussi à Chartres que j'ai fait les miennes... Quels pâtés !...

LE CHEVALIER. Mon vieil ami, que je t'embrasse ! (*Sautant de joie.*) Je suis colonel, je suis colonel !

BEAUCANARD. Silence donc, vous me faites trembler !

LE CHEVALIER. Et quand dois-je mettre mon uniforme ?

BEAUCANARD. M. le maréchal, qui vous croit à Paris, veut vous voir sans retard.

LE CHEVALIER. Partons tout de suite.

BEAUCANARD. Un moment donc ! Moi, je suis censé être à Paris pour vous chercher, car je ne fais plus que des mensonges.

LE CHEVALIER. Eh bien ! emmène-moi.

BEAUCANARD. Mais je suis dans le plus grand embarras...

LE CHEVALIER, *sans l'écouter.* Conçois-tu mon bonheur ? une épée, des épaulettes ! commander à des grenadiers de cinq pieds huit pouces, avec des moustaches comme ça... (*Se caressant la lèvre.*) Il me semble que ça me fait pousser les miennes.

AIR : *du Postillon* (F. Bérat.)

Gais tambours, battez le rappel,
Voici venir le moment solennel.
　　Je suis homme de guerre ;
Belles, recevez mon cartel,
　　Combattre et plaire,
On est assez joli garçon,
Tourné de certaine façon ;
Aussi partout s'écriera-t-on :
Qu'il est gentil ! regardez donc :
Est-ce l'amour ? est-ce un mortel ?
Regardez donc, qu'il est gentil le colonel !

L'épée au poing, de ma personne,
Je veux payer au champ d'honneur ;
Puis, chapeau bas, dire : Baronne,
Tendre marquise, à moi ton cœur !
(Ici il prend le chapeau de Beaucanard.)
　　Une duchesse
　　　M'adorera ;
　　Plus d'une altesse
　　　Dérogera...
Puis la bourgeoise, et même les fillettes !
Mais on dira : quoi ! Parlont des conquêtes !
　　Il en veut donc un régiment,
　　　Un régiment ?
　　Eh ! oui, vraiment.
　　Pourquoi ?... C'est naturel
　　　Quand on est colonel...
Gais tambours, battez le rappel,
(Il place le chapeau sur sa tête.)
Voici venir le moment solennel.
　　Je suis homme de guerre,
Belles, recevez mon cartel.
　　Combattre et plaire, etc.
(A la fin du couplet, il se découvre et lance le
　　chapeau en l'air.)

BEAUCANARD, *attrapant son chapeau.* C'est charmant, je ne dis pas le contraire ; mais comment nous tirer de là ? Ici on veut Marie, là-bas on demande le chevalier... (*Prêtant l'oreille.*) Ah ! mon Dieu, voilà mademoiselle Pénélope... que lui dire ?

LE CHEVALIER. Je me charge de tout.

SCÈNE VI.

LES MÊMES, PÉNÉLOPE.

PÉNÉLOPE. Eh bien ! monsieur Beaucanard, vous venez de parler à Marie ; à présent puis-je savoir le sujet de cette mission ?

BEAUCANARD. Le sujet... la mission... certainement je vais tout vous dire ; vous savez que je n'hésite jamais...

PÉNÉLOPE, *à part.* Hélas ! il hésite toujours.

BEAUCANARD, *bas au chevalier.* Parlez donc.

LE CHEVALIER. Ma bonne maîtresse, ce digne gentilhomme vient de m'annoncer un événement qui me comble de joie : mon frère le chevalier a été nommé colonel.

PÉNÉLOPE. Un colonel de dix-huit ans, comme tout change ! De mon temps, on ne l'était qu'à dix-neuf.

LE CHEVALIER. Il y a grande présentation à l'hôtel de Boufflers ; tous mes nobles parents y seront ; mais, si j'y manque, mon absence dérangera tout ; le chevalier ne pourra essayer ni son bel uniforme, ni ses belles épaulettes.

BEAUCANARD. Sans vous, c'est impossible.

PÉNÉLOPE. Eh bien !

LE CHEVALIER. Si vous vouliez me permettre de me rendre à cette réunion, sous la conduite de M. Beaucanard.

PÉNÉLOPE. Avec un pareil Mentor, je n'y vois pas d'inconvénient.

LE CHEVALIER. Oh ! que vous êtes bonne !

PÉNÉLOPE. Seulement, il faudra être revenue avant ce soir : c'est la règle immuable.

LE CHEVALIER. Une petite heure, rien qu'une petite heure.

BEAUCANARD, *bas.* Mais vous n'aurez jamais le temps de changer deux fois de costume.

LE CHEVALIER, *bas.* Ça me regarde.

PÉNÉLOPE, *à Beaucanard.* Je vous donne pleins pouvoirs ; honoré de la confiance de la maison de Boufflers, je ne saurais vous refuser la mienne.

MARIE. Partons, partons vite. (*Elle va au fond mettre une écharpe.*)

PÉNÉLOPE. Et revenez de même ; ne vous faites pas trop longtemps désirer. (*Regardant Beaucanard.*)

BEAUCANARD, *à part.* Décidément, c'est une provocation... Je romps la glace, je cède à l'énergie de mon caractère : Pénélope, notre petite fête tient toujours ; dans cinq minutes, je reviens à vos pieds.

AIR DE VALSE.

Depuis cinq ans je garde le silence,
Vous me voyez timide et retenu ;
C'est trop gémir ; enfin mon cœur s'élance.

PÉNÉLOPE, *à part.*

Il va parler, le moment est venu.

BEAUCANARD.

De saint Laurent je souffre le martyre...

MARIE, *venant se placer au milieu*

Me voilà prête ; allons, je vous attends.

PÉNÉLOPE, *à part.*

Quel contre-temps ! il allait tout me dire.
Faut-il, hélas ! attendre encore cinq ans !

ENSEMBLE.

BEAUCANARD, *à part.*

Lorsque j'avais enfin de l'assurance,
Au beau moment me voir interrompu !
Ah ! je devine, au coup d'œil qu'on me lance,
Que mon amour était le bien-venu !

PÉNÉLOPE, *à part.*

Lorsqu'il avait enfin de l'assurance,
Au beau moment le voir interrompu !
Son doux secret d'amour et de constance
Doit-il toujours me rester inconnu ?

MARIE.

Vite, partons, car, j'en ai l'assurance,
Notre retour est là-bas attendu ;
Le colonel n'a pas de patience,
Et je me mets à sa place, vois-tu.

(Ils sortent par le fond.)

SCÈNE VII.

PÉNÉLOPE, *seule.*

Non, il n'existe dans aucun roman un chapitre aussi invraisemblable que celui-là... Voilà bientôt un lustre que je connais M. Beaucanard, que je puise dans son regard le sentiment le plus vivace, que je l'entends soupirer, que je soupire aussi fort que lui... et nous en restons là !... L'amour platonique est souvent bien absurde... Mais, que dis-je, l'amour ? ce n'est pas de l'amour qu'il a pour moi, c'est de la passion ! c'est un volcan comprimé qui peut éclater d'un moment à l'autre... Ah ! si cet homme-là dit jamais tout ce qu'il pense, ce sera à n'y pas tenir.

(Elle reste pensive ; Belle-Chasse entre, les bras croisés et absorbé dans ses pensées.)

SCÈNE VIII.

BELLE-CHASSE, PÉNÉLOPE.

BELLE-CHASSE. Oui, plus j'y réfléchis, plus je trouve que ce sera prudent.

PÉNÉLOPE. Quoi ! vous encore, monsieur de Belle-Chasse, je vous croyais auprès de la reine.

BELLE-CHASSE. Je n'y suis pas, comme vous voyez.

PÉNÉLOPE. Mais notre audience pour demain que vous deviez demander?

BELLE-CHASSE. J'ai changé d'idée.

PÉNÉLOPE. Comment?

BELLE-CHASSE. L'observation de mademoiselle Marie m'est revenue à l'esprit ; demain, peut-être, il serait trop tard, et tous mes calculs pourraient être dérangés par une nouvelle soustraction ; il faut que ce soir même les broderies ne soient plus ici ! Il faut vous rendre auprès de Sa Majesté...

PÉNÉLOPE. Ce soir ! que dit-il? et notre petite fête?... et mon soupirant timide qui parlera peut-être?...

BELLE-CHASSE. Vous m'objecterez que Sa Majesté ne peut ainsi recevoir *ex abrupto* la députation de ses brodeuses.

PÉNÉLOPE. Cette phrase était suspendue à mes lèvres.

BELLE-CHASSE. La réponse va s'échapper des miennes ; après le jeu, Sa Majesté part pour aller coucher à Marly ; moi, dont l'audace est passée en proverbe, je dépose humblement le précieux carton sur l'un des coussins du carrosse, et notre larron sera bien avisé s'il devine cette ingénieuse cachette.

PÉNÉLOPE. Mais, monsieur le baron, permettez...

BELLE-CHASSE. Est-ce que mon plan ne vous sourit pas? le trouvez-vous dénué d'esprit?

PÉNÉLOPE. Ah ! de votre part, c'est impossible... mais vous oubliez que c'est à moi qu'appartient l'honneur de déposer aux pieds de Sa Majesté...

BELLE-CHASSE. Eh bien, soit ! venez avec moi ; mes porteurs sont à la porte, en bas.

PÉNÉLOPE. Certainement, je ne demanderais pas mieux ; par malheur, le temps nous manque ; ces demoiselles sont fort habiles ; mais il faut à tout cela le dernier coup d'œil de la maîtresse... Demain donc, si vous m'en croyez, demain, comme il était convenu...

BELLE-CHASSE. Mademoiselle de la Roche-Aiguë, autorisez-moi à vous le dire, vous êtes imprudente, vous jouez avec le danger.

PÉNÉLOPE. Moi, monsieur le baron... ?

BELLE-CHASSE. Je conviens que vous ne

recevez ici aucun étranger, excepté moi, qui ne le suis pas...

PÉNÉLOPE, *à part*. Ah! mon Dieu! s'il se doutait...

BELLE-CHASSE. Ce serait contre les règlements, et vous vous y conformez.

PÉNÉLOPE, *à part*. Il me semble que j'ai reconnu son pas.

BELLE-CHASSE. Que vous ne vous permettez même pas ces petites soirées innocentes que la reine vous a interdites... je sais tout cela.

(En ce moment Beaucanard, coiffé d'un bonnet brodé, affublé d'un tablier blanc, entr'ouvre la porte.)

PÉNÉLOPE, *bas en l'apercevant*. Allez-vous-en.

(Il disparaît et referme la porte.)

BELLE-CHASSE, *se retournant*. Qu'est-ce que c'est? qu'ai-je vu?

PÉNÉLOPE, *à part*. Ah! mon Dieu!...

BELLE-CHASSE. Je viens d'apercevoir quelque chose avec une coiffure de nuit.

PÉNÉLOPE, *troublée*. C'est une de ces demoiselles, sans doute, qui venait me souhaiter le bon soir avant de se coucher... et... vous ayant aperçu là...

BELLE-CHASSE. Pauvre petite!... je lui ai fait peur... ah! ah! ah! ah!... Pour en revenir à nos broderies, songez que l'ennemi caché veille, qu'un nouveau larcin nous couvrirait de ridicule, et éteindrait peut-être les flambeaux de mon hyménée.

PÉNÉLOPE. Fiez-vous à ma surveillance; la clé de ce meuble ne me quittera plus, je la placerai sous mon chevet.

BELLE-CHASSE. Mais si on va la prendre là?

PÉNÉLOPE. Quel est l'audacieux qui oserait venir me trouver pendant mon sommeil?

BELLE-CHASSE. Il y a des gens capables de tout.

PÉNÉLOPE. De tout, oui; mais pas de cela.

BELLE-CHASSE. Je ne suis pas tranquille.

PÉNÉLOPE *à part*. Il faut pourtant que je l'éloigne!

BELLE-CHASSE. Je... ne... suis... pas... tranquille.

PÉNÉLOPE. Faisons mieux... la serrure de ce meuble ne saurait être ouverte sans cette clé... c'est l'ouvrage de Georget, l'habile serrurier du roi.

BELLE-CHASSE. Eh bien?

PÉNÉLOPE. Eh bien, gardez-la, et demain vous me la rapporterez.

BELLE-CHASSE. Quoi! vous auriez assez de bonté pour me confier cette clé, qui est celle de mon bonheur?

PÉNÉLOPE. La voici.

BELLE-CHASSE. Oh! merci; merci, on ne me la prendra pas à moi... me voilà rassuré,

tout à fait rassuré... bonsoir, Mademoiselle de la Roche-Aiguë... vous me rendez bien heureux.

PÉNÉLOPE. Bonsoir, Monsieur Belle-Chasse.

(*Il sort*).

ooooooooooooooooooooooooooooooooooooooooooooooooo

SCÈNE IX.

PÉNÉLOPE, *seule*, *puis* BEAUCANARD; toutes les brodeuses, HÉLOÏSE, ISABELLE, GENEVIÈVE.

PÉNÉLOPE. Enfin le voilà parti... il était temps, car j'entends notre joyeuse compagnie... je vais donc le voir dans l'exercice de ses fonctions! Ah! mon cœur bat à briser les baleines de mon corset.

Beaucanard entre avec toutes les brodeuses, Geneviève apporte une manne contenant des verres, des assiettes, et tous les objets nécessaires à la confection des crêpes.)

CHŒUR DES BRODEUSES.

AIR: *Des danseurs espagnols*.

Honneur à vous, homme incomparable,
Homme admirable,
Homme adorable.
Par vos talents vous êtes capable
D'être immortel,
Comme Vatel!

HÉLOÏSE, *bas à Isabelle*.

A demain
Le chagrin;
Notre lutin favorable
A notre aide viendra,
Car la cheminée est là.

ENSEMBLE GÉNÉRAL.

TOUTES.

Honneur à vous, etc.

BEAUCANARD.

Pour vous servir, je me sens capable
D'être admirable,
D'être adorable.
Inspire-moi, gloire de la table,
Nom immortel
Du grand Vatel.

PÉNÉLOPE, *le regardant*. Il me semble que cette coiffure ajoute quelque chose de pittoresque à son visage!

HÉLOÏSE, *bas à ses compagnes*. Dieux! que Monsieur Beaucanard est laid comme cela!

PÉNÉLOPE. Geneviève, allumez le feu.

GENEVIÈVE. Oui, madame.

BEAUCANARD. Moi, je vais distribuer les emplois.

PÉNÉLOPE. Mademoiselle de Boufflers tarde bien à revenir?

BEAUCANARD. Il y a si longtemps qu'elle n'a embrassé sa famille... Et puis une circonstance pareille, on n'est pas nommé tous les jours colonel!...

TOUTES, *riant*. Comment, Marie, colonel!..

BEAUCANARD, *se reprenant*. Non, non, son frère ! je suis aujourd'hui d'une distraction...

PÉNÉLOPE. Que j'excuse facilement.

BEAUCANARD. On la ramènera avant peu, soyez-en sûre. (*A part.*) Pourvu qu'il ait le temps de quitter l'épée, et de reprendre la robe...

HÉLOÏSE. Il me semble que j'entends monter l'escalier.

PÉNÉLOPE. C'est elle, alors ; c'est Marie avec sa gouvernante.

(Le chevalier en élégant uniforme entre suivi d'un grand sapeur.)

TOUTES, *jetant un cri*. Ah !

BEAUCANARD, *à part*. Le chevalier en uniforme ! quel petit effronté !

SCÈNE X.

LES MÊMES, LE CHEVALIER et son SAPEUR.

(Le sapeur reste au fond.)

LE CHEVALIER.

AIR : *De la couronne de lilas.* (de Bérat.)

Calmez vos alarmes,
Car si je suis officier,
Je suis aussi chevalier.
Au métier des armes
Je renoncerai, d'honneur,
Si les belles en ont peur.
Mais non; c'est moi qui tremble ici,
Moi, guerrier, moi vrai diable à quatre,
Et mon cœur se rend sans combattre :
Il demande grâce et merci.
ENSEMBLE.
Calmez vos alarmes, etc.
TOUTES.
Ah ! qu'il a de charmes !
Aussi galant que guerrier,
C'est un parfait chevalier.
Oui, malgré ses armes,
Sa voix a tant de douceur
Que vraiment je n'ai plus peur.
BEAUCANARD, *à part*.
Sa grâce, ses charmes,
Son petit air cavalier,
Subjugue le groupe entier:
Pour moi que d'alarmes
Si c'était un séducteur !
J'en réponds sur mon honneur.

GENEVIÈVE, *au fond*. Voyez donc, Mesdemoiselles, quel beau sapeur !

PÉNÉLOPE. Geneviève !... Mais Marie ?...

LE CHEVALIER, *au milieu, saluant avec aisance et d'un ton respectueux*. Nobles demoiselles, je viens vous apporter ses excuses; elle est forcée de s'absenter encore une heure, et il m'a été impossible de l'amener avec moi.

BEAUCANARD, *bas*. Quelle est votre intention ?

LE CHEVALIER, *bas*. Ça ne te regarde pas; invite-moi à faire des crêpes.

PÉNÉLOPE. Quelle contrariété ! elle va manquer à notre petite fête.

BEAUCANARD, *sur un signe du chevalier*. Le fait est que l'espiègle de la troupe nous fait défaut; si le colonel voulait la remplacer ?

PÉNÉLOPE. Y pensez-vous, Monsieur Beaucanard? un homme !...

BEAUCANARD. Oh ! presque un enfant.

LE CHEVALIER. Ne suis-je pas d'ailleurs en pays de connaissances ? Mademoiselle Héloïse n'a peut-être pas oublié le petit diable auquel elle a appris à broder ?...

HÉLOÏSE. Oh ! certainement non, Monsieur le Chevalier.

LE CHEVALIER. Puis voici, je crois Mademoiselle Isabelle, dont la grâce naïve s'unit si délicieusement à la beauté noble et sévère de Mademoiselle Roche-Aiguë.

PÉNÉLOPE. Quoi! colonel, nos noms sont parvenus jusqu'à vous?

LE CHEVALIER. Ma sœur m'a fait de votre céleste pléiade un portrait si charmant, qu'il m'est impossible de ne pas vous reconnaître.

PÉNÉLOPE, *à part*. Il s'exprime à merveille. (*A Héloïse.*) Au fait, puisque Monsieur de Belle-Chasse ne revient que demain...

(Elles se consultent.)

BEAUCANARD. Eh bien?

PÉNÉLOPE. Eh bien, colonel, soyez des nôtres.

LE CHEVALIER. Aussi bonne que belle. (*il baise la main d'Héloïse.*)

HÉLOÏSE, *à part*. Il a de la mémoire.

TOUTES. Les crêpes !

PÉNÉLOPE. Seulement, je proscris le sapeur.

GENEVIÈVE. Ah ! quel dommage !

LE CHEVALIER. C'est juste. (*Au sapeur.*) Approche. (*A part.*) Porte mes habits de femme qui sont dans ma voiture chez le suisse de l'orangerie ; il est prévenu.

(Le sapeur salue militairement, fait demi-tour, et sort).

TOUS. Les crêpes ! Les crêpes !...

CHŒUR.

AIR : *A mon beau château.*

Que ce soir nos jeux
Excitent le joyeux rire !
Faisons de ces lieux
Le séjour des bienheureux.

(Beaucanard bat la pâte; le chevalier essuie la poêle près de la cheminée.)

BEAUCANARD, *au Chevalier.*
Mais que voulez-vous?
LE CHEVALIER.
Essuyer la poêle à frire...
BEAUCANARD.
Ah ! vraiment je bous:
(A la suivante.)
Chauffez, chauffez le saindoux.

Reprise.

Que ce soir nos jeux, *etc.*
HÉLOÏSE.
Nous nous livrerons
Au plus innocent délire !
Car nous danserons...
ISABELLE.
En dansant nous chanterons.

(Elles dansent en rond tout en chantant.)

Ah! mon beau château
Ma tant' tire lire, lire...
Ce refrain nouveau
Chez nous trouve de l'écho...
TOUS.
Ah! mon beau château !

(Ici le chevalier prend la main de Beaucanard et celle de Pénélope, et les oblige à danser ensemble.)

BEAUCANARD, *versant de la pâte dans la poêle.* Allons, Monsieur le chevalier, enlevez cette crêpe : pénétrez-vous bien de votre emploi. (*Il lance un regard à Pénélope, qui a les yeux sur lui.* J'aime que l'on fasse tout avec amour.

PÉNÉLOPE, *à part.* C'est compris !

LE CHEVALIER, *mettant la poële au feu.* Mesdemoiselles, si vous me regardez trop, vous allez me donner des distractions. Vous connaissez le proverbe : Le plus embarrassé est celui qui tient...

PÉNÉLOPE. Colonel, le proverbe n'a pas toujours raison. (*Avec intention.*) Il y en a de plus embarrassés quelquefois.

(Elle lance un regard à Beaucanard.)

BEAUCANARD, *à part.* C'est compris !...

LE CHEVALIER. Vite une assiette ! (*Il se retourne vivement ; toutes jettent un cri.*) N'ayez pas peur, ça me connaît. Voilà la première.

BEAUCANARD. Elle est parfaite ; grande réussite. (*Regardant Pénélope.*) Si tous réussissaient comme cela...

PÉNÉLOPE, *à part.* C'est compris !...

LE CHEVALIER, *enlevant la poële.* Et de deux !

ISABELLE. Comme vous y allez !

HÉLOÏSE. Celle-là est un peu roussie !

LE CHEVALIER. Écoutez donc, c'est la première fois que je vais au feu.

PÉNÉLOPE, *regardant Beaucanard.* Et le feu est bien ardent !...

BEAUCANARD, *à part.* Compris !...

LE CHEVALIER. Ah ! la troisième est superbe ?

TOUTES. Oui, elle est magnifique !

LE CHEVALIER. A votre tour, mon digne maître... (*Il lui donne la poële.*) A vous le maître à tous !

BEAUCANARD. J'accepte, colonel, je vais vous montrer mon savoir-faire.

(Il met la poële sur le feu.

LE CHEVALIER, *prenant l'assiette que tient Isabelle.* Mademoiselle permettez-moi de vous débarrasser de ce service.

BEAUCANARD. Tenez chevalier, celle-ci est colorée comme un tableau du Titien.

LE CHEVALIER. Je me charge du sucre. (*Il va à la table au premier plan, et il prépare les crêpes sur des assiettes en plaçant des billets sous chaque crêpe et en disant ;)* A la petite poste.

BEAUCANARD. Encore une ! j'en ferais sauter quinze à la minute !

(Il la pose sur une assiette près de lui.)

LE CHEVALIER, *apportant quatre assiettes sur un plateau, il les distribue.* A Mademoiselle Pénélope d'abord... à Mademoiselle Héloïse... à Mademoiselle Isabelle... Et celle-ci est pour Monsieur Beaucanard.

(Il lui donne la quatrième assiette.)

BEAUCANARD, *quittant la cheminée.* Et celle-là pour vous, colonel !

PÉNÉLOPE. Geneviève, servez les autres à ces demoiselles.

GENEVIÈVE, *à part.* J'espère bien en garder une pour moi.

HÉLOÏSE, *étonnée à part.* Un billet !

ISABELLE, *de même.* Un billet !

BEAUCANARD, *de même.* Un billet !

PÉNÉLOPE, *de même.* Un billet !

HÉLOÏSE, *lisant à part.* « Vous épouserez Monsieur Belle-Chasse.»

ISABELLE, *de même.* « Gaston vous est fidèle, il vous reviendra.»

PÉNÉLOPE, *de même.* « L'amour que vous inspirez fait maigrir à vue d'œil.»

BEAUCANARD, *de même.*

« Lindor, toi qui lis si bien,
Dans mes yeux ne lis-tu rien ? »

TOUS, *à part.* Signé, le Lutin de la cheminée.

ISABELLE, *à part.* Gaston me reviendra... quelle délicieuse nouvelle !... quel peut être ce gentil lutin ?

(Elle regarde le chevalier.)

HÉLOÏSE, *à part.* Annoncer ainsi un mariage ! si je pouvais savoir !...

(Elle le regarde il détourne encore la tête.)

BEAUCANARD, *à part.* Qui peut avoir glissé ce billet dans cette crêpe ?

(Il regarde Pénélope, qui lui fait les doux yeux.)

PÉNÉLOPE, *à part.* Ah! Monsieur Beaucanard, vous êtes bien aimable, mais vous êtes encore plus adroit.

LE CHEVALIER, *à part.* Comme ils sont intrigués!

PÉNÉLOPE, *mangeant.* Cette crêpe est excellente!.. et la vôtre, Monsieur Beaucanard?

BEAUCANARD, *à part.* Quelle femme diplomate!

PÉNÉLOPE, *à part.* Quel homme insidieux!

BEAUCANARD. Cela tient uniquement à la composition de la pâte. *(Regardant Pénélope.)* Tout ce qui est entré dans les crêpes était de si précieuse qualité!

(Il mange précipitamment.)

LE CHEVALIER. Beaucanard, votre talent est immense! Aussi, c'est vous qui êtes appelé à composer le grand déjeuner que je veux donner à mes officiers le jour que je passerai ma première revue.

PÉNÉLOPE. Nous serons aux premières loges pour vous admirer, colonel; car nos fenêtres donnent sur la Place-d'Armes.

LE CHEVALIER. Ah! que j'aurais de succès si mes soldats ressemblaient aux vôtres, mademoiselle Pénélope... Voyez, quel air à la fois martial et enjoué! Comme on serait glorieux de commander un aussi joli corps! Pour moi, je lui dirais chaque jour en lui faisant faire l'exercice :

AIR *nouveau* D'AMÉDÉE DE BEAUPLAN.

Tous mes soldats sont adorables;
Que leur uniforme est galant!
 Ran tan plan, plan, plan, plan, plan.
Bientôt ils seront redoutables;
Marquez le pas... alignement!
Ran tan plan, plan, plan plan plan.

(Toutes marquent le pas.)

Toujours aussi bonnes que belles;
Un seul instant, mesdemoiselles,
Ecoutez votre commandant...
 Ran tan plan, plan, plan plan plan.
 Oui, ma gloire est complète,
 Car partout on répète :
 Ah! le beau régiment!
 Ran tan plan, plan, plan plan plan.

(Elles marquent la mesure avec le pied; Pénélope, placée en serre-file, prend part aussi à l'action.)

2ᵉ COUPLET.

En temps de paix, à la parade,
J'en serais fier assurément.
Ran tan plan, plan, plan plan plan.
Chaque matin sur l'Esplanade
Il manœuvrerait gentiment.
Ran tan plan, plan, plan plan plan.
Si nous étions en temps de guerre,
Les ennemis ne tiendraient guère
Devant ce rempart séduisant.
Ran tan plan, plan, plan plan plan.
 En voyant tant de charmes,
 Comme on rendrait les armes

A mon beau régiment!
Ran tan plan, plan, plan plan plan.

Rompez les rangs!

TOUTES, *avec joie.* Ah! ah!

PÉNÉLOPE, *regardant la pendule sur la cheminée, à gauche.* Ah! mon Dieu, comme le temps passe! comme la nuit est avancée! et Marie qui ne revient pas!

LE CHEVALIER. Je cours la chercher : l'hôtel de Boufflers est presque en face du château; je ne vous demande que cinq minutes, et je vous jure qu'elle ne reviendra pas sans que je l'accompagne.

PÉNÉLOPE, *saluant.* Colonel!

TOUTES, *saluant.* Colonel!

LE CHEVALIER. Venez-vous, monsieur de Beaucanard?... (A *part.*) Elles sont charmantes!... et quand elles seront mariées, gare à leurs maris...

BEAUCANARD. Je vous suis, colonel. (*Bas à Pénélope.*) J'ai lu dans vos yeux.

PÉNÉLOPE, *de même à Beaucanard.* J'ai lu aussi. (*Nouvel échange de saluts.*)

(Le chevalier sort avec Beaucanard.)

SCÈNE XI.

LES MÊMES, *excepté* LE CHEVALIER *et* BEAUCANARD.

HÉLOISE. Il est charmant!

PÉNÉLOPE. Héloïse!...

ISABELLE. Et plein de gentillesse!

PÉNÉLOPE. Isabelle! songez que vous allez vous marier.

ISABELLE, *à part.* Peut-être.

HÉLOISE, *à part.* Et il se souvient de moi! ah! s'il avait seulement dix ans de plus!

GENEVIÈVE. Moi, j'aime mieux le sapeur.

PÉNÉLOPE. Taisez-vous, péronnelle!

GENEVIÈVE. Mais, madame, ce que j'en dis, moi, ce n'est pas pour...

PÉNÉLOPE. Sortez. J'en conviens, le colonel n'est pas mal; mais quand vous dites qu'il ressemble à sa sœur...; allons donc... un air de famille, tout au plus... Marie n'a pas cette vivacité dans le regard, ce je ne sais quoi qui captive... qui plaît dans un homme (*à part*) comme lui.

HÉLOISE. Moi, je soutiens qu'ils se ressemblent, car ils sont charmants tous deux.

PÉNÉLOPE. Allons, c'est bien, rentrez dans vos chambres, mesdemoiselles...

CHŒUR.

AIR *des brodeuses de la Reine.* (de HENRION.)

PÉNÉLOPE.
Taisez-vous, mesdemoiselles,
Curieuses et rebelles;

N'oubliez pas vos dentelles,
Pour broder dans vos discours.

LES JEUNES FILLES.

Taisons-nous, mesdemoiselles;
Mais tout bas soyons rebelles,
Et laissons là nos dentelles
Pour broder dans nos discours.

GENEVIÈVE, *paraissant au fond.* Mademoiselle de Boufflers arrive à l'instant; elle est montée dans sa chambre.

PÉNÉLOPE. A merveille! Faites comme elle; et surtout plus de ces idées qui portent le bouleversement dans les cœurs.

REPRISE DU CHŒUR.

Taisez-vous, mesdemoiselles,
Curieuses et rebelles;
N'oubliez pas vos dentelles,
Pour broder dans vos discours.

TOUTES.

Taisons-nous, mesdemoiselles;
Mais tout bas soyons rebelles,
Et laissons là nos dentelles
Pour broder dans nos discours.

(Elles sortent.)

SCÈNE XII.

PÉNÉLOPE, *seule.*

Ah! j'ai besoin de me recueillir, d'interroger mon cœur;... je ne puis me le dissimuler, je suis percée de mille dards;... il n'a pas encore osé parler tout à fait, mon noble chevalier; mais ces quelques mots (*regardant la lettre*) en disent plus qu'ils ne sont gros... Signé, le Lutin de la cheminée... Comme c'est ingénieux de sa part!... et avoir la délicatesse de choisir pour messager d'amour le produit de son invention!... je ne sais pas ce que cet homme-là n'inventerait pas;... je suis sûre qu'en ce moment mon Ulysse pense à sa Pénélope, ou peut-être dort-il d'un profond sommeil... Ah! les hommes ne savent pas aimer comme nous...

(Elle prend un flambeau dans chaque main.)

AIR : *Colas, Colas!*

Objet de ma flamme étouffée,
Si le sommeil te fait la loi,
Entre les bras du dieu Morphée
   Rêve de moi,
   Je rêve à toi!
   Rêve de moi,
   Je rêve à toi!...

allons nous coucher... (*Se dirigeant vers la chambre.*) Bonsoir, mon amant, mon époux.

(Elle disparait; l'obscurité est complète en ce moment. Belle-Chasse entre par la petite porte secrète.)

SCÈNE XIII.

BELLE-CHASSE, *avec une lanterne sourde.*

Pourvu que j'arrive à temps! quel complot infernal je viens de découvrir chez Georget, le serrurier du roi! En sortant d'ici, j'ai interrogé ce drôle, je l'ai effrayé, et il m'a avoué qu'un inconnu avait eu l'infamie de lui donner beaucoup d'argent pour lui fabriquer une clef pareille à celle-ci... Je n'ai pas perdu de temps, j'ai instruit Sa Majesté de tout, et elle a daigné me permettre de passer par cette issue secrète pour venir me poster en sentinelle dans ce petit salon qui sert d'atelier à ces demoiselles; Sa Majesté ne pouvait me refuser cette grâce sur ma réputation bien assise... (*Il se met sur un fauteuil.*) En y réfléchissant, je me charge d'une besogne qui devrait regarder M. Voyer-d'Argenson;... mais la police est si mal faite..! Ah! que j'aimerais à saisir le rusé voleur! s'il a l'audace de se présenter une seconde fois...; fermons d'abord ma lanterne;... un petit rayon de lumière trahirait la présence du gardien. (*Il ferme sa lanterne.*) Vive une existence qu'un tendre sentiment domine! je passerais vingt nuits sans éprouver la moindre fatigue... je ne pense pas plus à sommeiller...

(Il étouffe un bâillement.)

AIR : *J'possède une taille assez piquante.* (Indiana et Charlemagne.)

Victime de trames perfides,
Ovide nous dit qu'un dragon,
Dans le jardin des Hespérides,
Se conduisit comme un dindon...
On te prit, dragon ridicule,
Tes pommes d'or; mais, sur ma foi,
Le lutin, fût-il un Hercule,
N'aura pas la pomme avec moi!... (*Bis.*)
   Mon oreille exercée,
   L'entendra bien venir,
   Sentinelle avancée | *Bis.*
   Ne doit pas s'endormir! |

(Il fait un second bâillement; l'air continue en sourdine; il s'endort.)

SCÈNE XIV.

BELLE-CHASSE, MARIE.

(Elle entre à tâtons, sur la fin de l'air, par la porte de gauche.)

MARIE, *à voix basse.* Je croyais qu'elles ne s'endormiraient pas ces jeunes filles, ça ne sait pas se taire... C'est en écoutant ronfler mademoiselle Pénélope qu'elles ont toutes voulu l'imiter;... aussi maintenant c'est un concert... un charivari !... elles s'en donnent sur tous les tons..... Mais n'oublions pas qu'elles doivent se lever au point du jour, et que je n'ai pas de temps à perdre. (*Musique douce.*) La première fois, la lune a été ma complice ; aujourd'hui, je suis abandonnée à moi-même... Orientons-nous ;... le meuble est là ;... marchons avec précaution... (*La musique continue. Elle se dirige vers le fond. Belle-Chasse ronfle.*) On a parlé... non... c'est drôle... j'avais cru... (*Belle-Chasse ronfle encore.*) Ah ! mon Dieu ! on a ronflé... bien sûr... (*Riant.*) Ah ! ah ! ah ! c'est mademoiselle Pénélope que je crois encore entendre ; quelle singulière musique !... ça tient beaucoup de l'orgue. (*Elle ouvre le meuble et prend le carton.*) Cherchez bien demain matin, monsieur de Belle-Chasse. (*Elle ferme le meuble avec bruit.*)

BELLE-CHASSE, *s'éveillant.* Qui est là ?

MARIE, *bas.* Je ne suis pas seule !

BELLE-CHASSE, *plus fort.* Qui est là ? répondez !

MARIE, *à part.* Diable ! sauve qui peut ! (*Ils marchent tous les deux vers le fond, et se rencontrent dans l'obscurité.*) Je suis pris !

BELLE-CHASSE. Je vous tiens, mon beau Lutin... c'est une femme. (*Il la retient par sa robe, et l'attire à l'endroit où il a laissé sa lanterne.*) Femme, voleur ou amant, nous allons savoir qui vous êtes : voyons un peu quelle figure ont messieurs les lutins...

(Il ouvre la lanterne de son autre main, l'approche de la figure de Marie, qui la souffle avant qu'il ait pu la reconnaître.)

MARIE, *grossissant sa voix.* Me trouvez-vous joli ?

BELLE-CHASSE, *à part.* Comment une voix d'homme, à présent.

MARIE. Lâchez-moi, ou si non...

BELLE-CHASSE. Jamais !

(Elle se débat ; il veut la retenir, elle lui donne deux soufflets et se sauve.)

SCÈNE XV.

BELLE-CHASSE, *seul.*

Oh ! là, là, là, il m'a semblé qu'on éclairait la chambre avec trente-six chandelles ! (*Après un silence.*) Non, c'est le petit jour... — Est-ce un homme ? est-ce une femme ? ce qu'il y a de sûr c'est que c'est un soufflet, et même une paire, je crois... (*Regardant ce qu'il tient.*) Eh ! mais, à propos de paire... (*Il montre les ciseaux de Marie.*) quel est ce trophée qui m'est

resté dans cette lutte héroïque où j'ai tout gagné... fors l'honneur ? La chaîne d'argent, les ciseaux armoriés de ces demoiselles ! en voilà un renseignement ! Je tiens mon voleur, je le tiens...

(On entend le son d'une cloche.)

SCÈNE XVI.

BELLE-CHASSE, BEAUCANARD.

BELLE-CHASSE. Quoi ! vous ici à pareille heure, monsieur le maître d'hôtel ! (*A part.*) Il est du complot.

BEAUCANARD. Mais il me semble que vous y étiez avant moi, monsieur le baron !

BELLE-CHASSE. J'y suis par ordre de la Reine.

BEAUCANARD. Et moi par ordre de mademoiselle de la Roche-Aiguë, (*A part.*) ma reine aussi.

BELLE-CHASSE. C'est possible !

BEAUCANARD. C'est positif : Sa Majesté couche à Marly, et j'étais chargé de préparer les voitures, de réveiller tout le monde.

BELLE-CHASSE. Je n'ai qu'une chose à vous dire : Si vous êtes complice du crime...

BEAUCANARD. Un crime ! Il y a un crime ?...

BELLE-CHASSE. Je dois vous prévenir que tout est découvert.

BEAUCANARD. Ah çà !, vous me parlez une langue inconnue..... Mais je crois que j'entends ces demoiselles : bravo ! les voilà déjà sur pied.

(Ritournelle en sourdine de l'air qui va suivre.)

BELLE-CHASSE, *avec ironie.* Je suppose que l'une d'entre elles n'aura pas eu de peine à s'éveiller, n'est-ce pas, monsieur Beaucanard ?

BEAUCANARD. Parole d'honneur, je ne vous comprends pas.

BELLE-CHASSE. Et moi je me comprends. (*Lui serrant la main avec force.*) Il va se passer des choses terribles, monsieur le maître d'hôtel.

BEAUCANARD, *à part.* Comme il fait de gros yeux ! est-ce qu'il est devenu fou ?

SCÈNE XVII.

LES MÊMES, PÉNÉLOPE, HÉLOISE, ISABELLE, toutes les Brodeuses.

CHŒUR.

AIR : *De la polka des fleurs.*

Dépêchons, dépêchons !

Sans retard partons,
La reine nous appelle ;
Aujourd'hui notre zèle
Doit presser nos pas :
La reine n'attend pas.

PÉNÉLOPE. Monsieur Beaucanard, vous êtes un homme précieux.

BEAUCANARD. Ce mot seul me paie de mon insomnie.

PÉNÉLOPE, *à part*. Il n'a pas dormi ! quelle passion !... Comment vous aussi, monsieur le baron !

BELLE-CHASSE. Oui, j'ai pensé qu'on ne pouvait pas se passer de moi.

(Il les regarde toutes.)

BEAUCANARD, *à part*. Comme il promène partout des yeux égarés !

PÉNÉLOPE. Ne perdons pas de temps ; la Reine ne doit pas attendre ; monsieur de Belle-Chasse, rendez-moi la clef, que je prenne les broderies.

BELLE-CHASSE. C'est inutile ;... elles sont prises.

TOUS. Comment ?

BELLE-CHASSE. Enlevées pour la deuxième fois, sous mes yeux.

PÉNÉLOPE. Alors vous connaissez le voleur ?

BELLE-CHASSE. Non, mais je vais le connaître.

TOUS. Que veut-il dire ?

BELLE-CHASSE. Le voleur, c'est l'une de vous, mesdemoiselles.

MARIE. Pas possible !

BELLE-CHASSE. Oui, le voleur, je répugne à employer le féminin de ce honteux substantif.

PÉNÉLOPE. Expliquez-vous, monsieur.

BEAUCANARD, *fièrement*. Expliquez-vous.

BELLE-CHASSE. Ce ne sera pas long... Pendant la nuit noire, j'étais là, en sentinelle avancée ; une femme est arrivée droit à ce meuble ; elle l'a ouvert et a enlevé le carton.

PÉNÉLOPE. C'est impossible ! vous aviez la clef.

MARIE. Elle en avait peut-être une aussi.

PÉNÉLOPE. Silence !

BELLE-CHASSE. Je l'ai saisie par sa robe ; elle a résisté, et m'a échappé par des circonstances indépendantes de ma volonté.

MARIE, *à part*. Je connais les circonstances.

BELLE-CHASSE. Mais une preuve accablante est restée entre mes mains.

TOUS. Une preuve.

MARIE, *à part*. Ah ! je n'ai plus mes ciseaux.

BELLE-CHASSE. Et je suis certain de reconnaître la criminelle.

MARIE. Ce n'est pas moi, toujours.

LES JEUNES FILLES. Ni moi, ni moi, ni moi.

BEAUCANARD. Ni moi. (*À part.*) Que je suis bête !

BELLE-CHASSE. Mademoiselle Pénélope, faites mettre vos jeunes compagnes sur un seul rang.

(Musique.)

PÉNÉLOPE. Comprenez-vous ?

BEAUCANARD. J'en suis incapable.

(Sur un signe de mademoiselle Pénélope, les brodeuses se placent sur une seule ligne.)

PÉNÉLOPE. Voyez, monsieur.

(Ici, elle passe devant les jeunes filles ; Marie profite de ce mouvement pour lui enlever lestement ses ciseaux. Pénélope va se placer à droite de la ligne ; Belle-Chasse les passe en revue. Arrivé à Marie, qui est l'avant-dernière, il est déconcerté. Enfin il regarde Pénélope, et s'arrête stupéfait.)

BELLE-CHASSE. Qu'ai-je vu ?... ou plutôt que n'ai-je pas vu ?... c'était la vieille.

(Marie rit à part.)

PÉNÉLOPE, *à Belle-Chasse*. Baron, pourquoi ce geste en me regardant ?

BEAUCANARD. Oui, pourquoi ce geste ?

BELLE-CHASSE, *à Beaucanard*. Ne m'irritez pas, monsieur !

BEAUCANARD, *à part*. Je bouillonne !

BELLE-CHASSE. Les preuves que j'ai saisies sur la délinquante, ce sont des ciseaux de brodeuses.... des ciseaux d'uniforme, au chiffre de la reine.

BEAUCANARD. Eh bien ?

PÉNÉLOPE. Eh bien ?

BELLE-CHASSE. Or, ces ciseaux étant exactement pareils entre eux, il est clair que celle qui ne les a plus est la coupable.

(Elles regardent leurs ciseaux.)

PÉNÉLOPE. Grand Dieu ! où sont les miens ?

BELLE-CHASSE. Les voici, mademoiselle.

TOUS. C'était elle.

BEAUCANARD. Ça ne se peut pas, je déclare que ça ne se peut pas.

PÉNÉLOPE. On me les a pris, c'est encore un tour du Lutin, du génie mystérieux.

(Marie sort furtivement sans être vue de personne.)

BELLE-CHASSE. Je ne crois pas aux lutins, encore moins aux génies :... j'ai mes raisons pour cela. (*D'un ton sévère.*) Fi ! mademoiselle ! une surveillante nommée par la Reine, se prêter à de pareilles intrigues !

PÉNÉLOPE. Monsieur, apprenez que je ne me prête à quoi que ce soit.

BELLE-CHASSE. Vous vous êtes furtivement échappée de votre couche solitaire.

PÉNÉLOPE. Moi, j'ai dormi du sommeil de l'innocence.

BELLE-CHASSE. Vous avez soufflé ma lanterne.

PÉNÉLOPE. Je n'ai rien soufflé du tout.

BELLE-CHASSE. Vous m'avez donné un camouflet.

BEAUCANARD, *éclatant.* Je vous en rendrai raison.

BELLE-CHASSE, *s'avançant sur Beaucanard.* Ne m'irritez pas, monsieur...

BEAUCANARD, *à part.* J'écume!

BELLE-CHASSE. Comme votre homonyme, l'antique Pénélope, vous avez fait disparaître la nuit l'ouvrage de la journée;... vous vous êtes moquée de moi, de la Reine...

PÉNÉLOPE. Tout cela me confond... Ah! serais-je somnambule?

BELLE-CHASSE. Aussi, je cours chez Sa Majesté, je lui dénonce les affreuses machinations de mademoiselle de la Roche-Aiguë, qu'elle fait enfermer dans un couvent...

PÉNÉLOPE. M'enfermer, moi...

BEAUCANARD, *hors de lui.* Monsieur, je déclare qu'il faudra marcher sur mon corps.

AIR *du lac des fées.*

ENSEMBLE.

BEAUCANARD ET PÉNÉLOPE.

Oh! mystère épouvantable,
Ainsi s'entendre offenser!
A la cour comme coupable
Il va donc $\frac{la}{me}$ dénoncer.

BELLE CHASSE.

Oh! conduite épouvantable!
Oser ainsi m'offenser!
Ah! malheur à la coupable!
Oui, je vais la dénoncer.

LES BRODEUSES.

Oh! mystère inexplicable!
Aurait-on pu le penser?
A la cour comme coupable
Il va donc la dénoncer.

(Sur la ritournelle, Belle-Chasse veut sortir, Beaucanard lui barre le passage; ils vont tirer leurs épées.)

PÉNÉLOPE. Ah! je m'évanouis.

SCÈNE DERNIÈRE.

LES MÊMES, LE CHEVALIER, *qui a repris le costume de colonel.*

LE CHEVALIER. Arrêtez, messieurs, j'apporte la paix.

TOUS. Le petit colonel!

LE CHEVALIER. Le petit colonel, Marie et le lutin de la cheminée...

TOUS. Qu'entends-je?

LE CHEVALIER. La confession de mes péchés; oui, mes sœurs, j'ai menti, j'ai dérobé, j'ai frappé mon prochain...

BELLE-CHASSE. Quoi! c'est à vous que j'ai pris?...

LE CHEVALIER. La paire de ciseaux.

BELLE-CHASSE. Et c'est vous qui m'avez donné...

LE CHEVALIER. La paire de soufflets...

BELLE-CHASSE. Suffit! je pourrais vous en demander satisfaction, mais vous étiez en femme, et je pardonne tout au beau sexe.

BEAUCANARD, *bas.* Je savais bien, ô Pénélope! que vous étiez innocente.

BELLE-CHASSE. Ah çà! mais colonel, vous aviez une idée pour ça?

LE CHEVALIER. J'en avais plusieurs; vous m'avez deviné, homme d'esprit; je voulais réunir des cœurs qui ne s'entendaient plus... Je n'ignorais pas que M. Beaucanard et mademoiselle Pénélope brûlaient l'un pour l'autre... (*S'adressant à eux.*) Ah! vous avez beau rougir et baisser les yeux, vous brûliez et vous n'osiez vous le dire...

BEAUCANARD, *bas à Pénélope.* Eh bien! oui, je brûlais.

LE CHEVALIER, *continuant.* J'avais appris que mademoiselle de Valence se mariait contre son gré...

BELLE-CHASSE. Hein?

LE CHEVALIER. Qu'elle aimait mon ami Gaston de Reuilly, auquel il fallait bien donner le temps d'obtenir sa grâce. Cette grâce est signée, et Isabelle épousera Gaston, ou j'y perdrai mon régiment.

ISABELLE. Oh! que je suis heureuse!

BELLE-CHASSE. Eh bien! et moi? et moi?

LE CHEVALIER. Ingrat! ne vous êtes-vous pas aperçu qu'il y a ici quelqu'un que le dépit seul éloigne de vous? (*Plus bas.*) Quelqu'un que vous aimez, qui vous adore...

BELLE-CHASSE. Vous croyez qu'elle m'adore?

LE CHEVALIER. J'en suis sûr.

BELLE-CHASSE. Merci, colonel, merci. (*A part.*) Au fait, si elle m'adore... Il ne faut pas être trop cruel,.. belle Héloïse!

(Il se met à genoux.)

BEAUCANARD, *de même.* Chère Pénélope!

LE CHEVALIER, *levant les mains sur les deux couples.* Enfants, je vous bénis!

HÉLOÏSE. Allons, à tout péché miséricorde.
(Elle le relève et lui donne sa main à baiser.)

BEAUCANARD. Chère Pénélope...

PÉNÉLOPE. C'est dit, pas un mot de plus.

BEAUCANARD. Je ne demande pas mieux, je ne le trouvais pas.

HÉLOÏSE, *bas au chevalier.* Merci, petit lutin.

BELLE-CHASSE. Colonel, je ne veux pas que ma femme s'ennuie pendant mes longues absences... vous viendrez nous voir souvent.

LE CHEVALIER, *la regardant.* Le plus souvent possible... Maintenant, allons nous jeter aux pieds de la reine pour obtenir son agrément.

TOUS. A Marly!

LE CHEVALIER. Et de l'ordre dans le dé-
part.

(Prenant le ton du commandement.)

AIR *de la Scène* X^e.

Attention, troupe légère;
De vous montrer voici l'instant.
  Ran tan plan, plan, plan, plan, plan.
A l'orchestre comme au parterre
Lancez un sourire agaçant!...
  Ran tan plan, plan, plan, plan, plan.

En déployant ici vos charmes,
Vos yeux seront de bonnes armes
Qui frapperont à bout portant.
  Ran tan plan, plan, plan, plan, plan.

(Au public, en saluant de l'épée.)

En voyant tant de grâce,
Applaudissez en masse
Le petit régiment!
  Ran tan plan, plan, plan, plan, plan.

(Toutes marquent le pas sous le commandement
du petit colonel.)

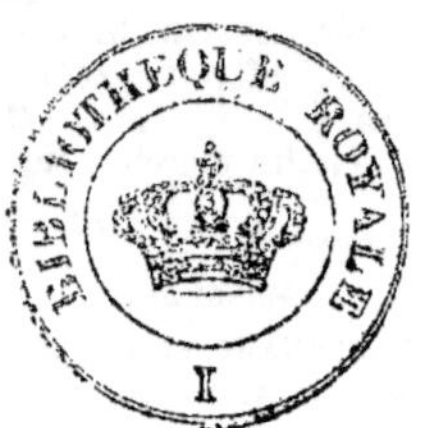

FIN.

S'adresser, pour la musique, à M. TARANNE, au théâtre du Vaudeville.

Paris. — Imprimerie Claye, Taillefer et Ce, successeurs de Fournier, 7 rue Saint-Benoît.